In. 27, 17070

LETTRE

DE

M. L'ABBÉ RAINAL

A L'AUTEUR DE

LA NYMPHE DE SPA;

Précedée d'une lettre de la *Veuve* Bourguignon, *Imprimeur de S. A. C.* Mgr. *le Prince Evêque de Liege, à* M. G***** *son Confrère à* ......

A LA HAYE

<hr>

M. DCC. LXXXI.

Lettre de la veuve Bourguignon à M. G....

De Liege le 10 Novembre 1781.

Monsieur et Cher Confrere !

J'ai cru vous faire plaisir en vous envoyant la lettre que je viens de recevoir comme de la part de M. l'abbé Rainal pour l'imprimer ; ce que je n'ai ofé faire, par la raifon que j'ai entendu dire à mes ouvriers & à mon commis, que le mandement dont ci-joint un exemplaire, a été fait contre un jeune-homme qui avait adreffé quelque vers innocents audit abbé Rainal, il y a environ deux mois : par conféquent, ne voulant en rien déplaire à M. M. du Synode de Liege, je me fuis difpenfée de cette impreffion. Vous en ferez ce que vous voudrez, pourvu que je ne fois pour rien dans tout cela ; car mes ouvriers m'ont auffi appris que ce Diable de mandement fait un bruit terrible dans la ville & les environs. Je n'ai jamais rien imprimé, qui m'ait fait autant de réputation : je me doutais bien que c'était quelque chofe de conféquence, puifque pendant qu'il était fous preffe, deux membres du Synode vinrent voir fi l'ouvrage avançait, & lorfque je leur ai dit qu'il ferait bientôt

prêt , ils témoignèrent une grande satisfaction:
leurs visages semblèrent s'épanouir. D'après
tout cela , j'ai pensé que la lettre en question
ne quadrerait pas avec le mandement & je vous
l'envoye à vos risques & périls. J'ai chargé le
prote de mon imprimerie , de vous donner
un détail plus circonstancié de cette affaire ,
parcequ'il m'a dit qu'il la connaissait bien ;
c'est un garçon fort simple & qui vous dira la
vérité , sauf votre discrétion , sur laquelle nous
comptons tous les deux ; pour moi je ne me
mêle que des affaires de mon Commerce.

J'ai l'honneur d'être ;

MONSIEUR ET CONFRERE

Votre très-humble & obéissante
Servante

La Veuve Bourguignon.

DÉTAILS FOURNIS PAR LE PROTE.

Vous serez bien étonné, M., des parti-
cularités que Mad. la veuve *Bourguignon* m'a
chargé de vous apprendre, au sujet du mandement ci joint, vous le serez plus encore lorfque vous faurez ce qui y a donné lieu. Voici
le fait fimplement, & tel qu'il eft raconté par
toutes les perfonnes impartiales de notre ville.

(5)

Un jeune homme nommé M. B****** agé
de 22 à 23 ans, de mœurs irréprochables, plein
de franchife, vif, aimant la poëfie & faifant
quelquefois d'affez jolis vers, était à *Spa*
dans le tems que l'Abbé *Raynal* y prenait les
eaux. M. B. conçut le defir fi naturel d'avoir
une converfation avec cet homme célebre;
mais une certaine timidité l'arrêta: l'accueil
éclatant que le Prince *Henri* de *Pruffe* & l'Empereur faifoient à M. *Raynal*, les égards publics que ces Héros avaient pour le génie qui
a tracé l'Hiftoire philofophique avec tant d'é-
loquence & de profondeur, en augmentant
fa timidité, redoublaient encore l'envie qu'il
avait d'admirer de plus près celui qui obtenait
à jufte titre les fuffrages des perfonnes de la
plus haute confidération. Quand il apprit cependant le départ de M. *Raynal*, il hazarda
de lui offrir l'hommage de quelques vers, (*)
faits avec précipitation, mais avec l'entou-
fiafme qui décele une imagination hardie, &
capable d'enfanter quelque jour des ouvrages
dignes d'acquérir une réputation meritée. M.
l'Abbé *Raynal* reçut cette petite production
avec bonté, promit à l'auteur de le voir à
Liege; & en effet il lui tint parole : leur
liaifon ne fut cependant d'aucune durée : les
deux ou trois fois qu'ils fe rencontrerent,

____

(*) Vous les trouverez inclus.

l'Abbé R. ayant reconnu des talents à M. B. l'encouragea dans fon gout pour les belles lettres.

Ce que vous allez trouver bien étrange, M., c'eft que tout ce que je viens de vous marquer s'étant paffé vers la fin d'août, on ignore comment deux mois après, une copie manufcrite des vers de M. B. intitulés : *la Nimphe de Spa* à l'Abbé *Raynal*, parvint à M. le Tréforier G...... membre du fynode & qui ordinairement y préfide en l'abfence du C. de R..... Vicaire Général. Peu de perfonnes avaient connaiffance de cette piece, quand tout à coup on apprend qu'elle eft déférée au Confiftoire. Malheureufement aucun des membres qui s'y trouverent, n'eut affez de prudence pour donner le fage confeil d'éviter un éclat. Tous au contraire crièrent à l'anathème. M. B. eft fommé par l'huiffier fynodial à comparaitre pour être oui à la falle du confiftoire. Etrangement furpris d'une ordonnance rendue contre lui, fans procédure ni formalité quelconque, & à l'occafion d'un ouvrage qui ne portoit aucune fignature, M. B. crut devoir aller à *Hex* implorer les bontés dont Son Alteffe Celfiffime l'a honoré plufieurs fois, quoiqu'il fentit toute l'illégalité de l'ordonnance des *Synodiaux*. Ce Prince bienfaifant le reçut

avec indulgence & daigna écrire lui même,
après avoir lu les vers, à M. Gh... qu'il
souhaitait que cette affaire n'eût pas de suite.
A son retour du château de *Hex*, M. B. trou-
va chez lui une seconde citation pour comparaitre au Synode. Persuadé qu'on se confor-
merait aux intentions de S. A., Mgr le
Prince-Évêque, il crut devoir se dispenser
de s'y rendre. Les moteurs de cette tracaf-
serie échaufferent les Synodiaux à un tel point
qu'ils fignerent un *votum* adreffé au Prince,
dans lequel on avança que cette affaire *était
la Caufe de Dieu*..... S. A. ne répondit pas ;
le confiftoire interpréta ce filence à fa ma-
niere. En conféquence troifième citation à
M. B.... En attendant on fema dans le
public, les propos les plus allarmants pour
notre jeune poëte. Des membres du Synode
même approcherent fes amis, pour les ex-
citer avec aigreur & menaces à ne plus voir
un impie, l'affociant aux *Luther*, aux *Cal-
vin*.... Ils dirent affez ouvertement qu'ils
en feroient un exemple, qu'on le perdroit.
Les chofes étant à ce point, M. B. penfa
aux précautions qui devenaient indifpenfa-
bles pour fa fureté. Il écrivit à M. G. une
lettre refpectueufe mais ferme, dans laquelle il lui faifait fentir l'irregularité,
la précipitation, la violence même des pro-

(8)

cédés exercés contre lui ; loin qne cette lettre appaifât ces M. M. , ils en furent plus
animés. On convoqua le 27 Octobre , une
affemblée extraordinaire du Synode , à l'if-
fue de laquelle tous les membres qui la com-
pofaient , partirent pour le palais de *Seraing*,
campagne où le Prince était alors. Ils eu-
rent audience. On ne fait pas trop ce qui
s'y paffa , mais le lendemain Dimanche 28 ,
on publia à tous les prônes , le mandement
ci-joint. Vous devinez aifément , M. , que
les gens fages blamèrent un pareil éclat. On
fut furpris furtout de la qualification *d'hom-*
me turbulent , donnée dans le mandement
à l'auteur de la *Nymphe de Spa*. On ap-
prouva moins encore la menace de le punîr
felon la rigueur des loix. Ces odieufes impu-
tations , ces menaces , forcerent M. B.
violé en fon droit de citoyen , calomnié ,
flétri publiquement , d'infinuer au confiftoire, .
une proteftation appellatoire *par forme de*
plainte à S. M. Impériale , confervatrice des
priviléges & libertés des Citoyens de *Liege*.

Les gens éclairés fentirent les conféquen-
ces que pouvait entrainer cette affaire. L'a-
charnement & l'efprit de parti la rendaient
à chaque inftant plus importante. Le *Prin-*
ce-Évêque témoigna de nouveau combien il
defiroit que tout fut affoupi ; notre jeune

poëte si cruellement outragé , pénétré des soins que S. A. C. se donnoit pour cette étrange cause ; encouragé par les offres obligeantes dont le Prince l'avoit honoré en différentes circonstances , demanda avec soumission une conférence dans son palais de *Seraing*, en présence de S. A. Quatre membres du Synode (nommément Mgr. le Comte d'*Arberg*, Evêque d'*amison* , Suffragant de *Liege*, dont la justice , la bienfaisance & les lumieres sont connues) se rendirent à *Seraing* par ordre du Prince. M. B. parut , s'expliqua avec beaucoup de noblesse & de fermeté , & enfin voulant prouver son amour pour la tranquillité & combien il respectait les volontés de S. A. , sacrifiant tout juste ressentiment , il renonça à son droit de recours , & se soumit en expliquant hautement les motifs qui le faisoient agir. M. M. du Consistoire se retirerent fort contents. S. A. témoigna à M. B. par les expressions les plus obligeantes , la satisfaction qu'Elle éprouvait. Je vous prie de croire , M. , que voilà le fait dans la plus vraie exactitude.

M. M. les *Synodiaux* de retour à *Liege* , rendirent compte de cette conférence à leurs confrères ; plusieurs membres loin d'approuver ce qui avoit été fait , manifesterent leur mécontentement , résolurent un nouveau *Vo-*

tum au Prince & délibérerent de nouveau
fur cette affaire, malgré le Prince & fes ordres
précis pour que tout fût abfolument & dé-
finitivement oublié. On commençoit cependant dans cette ville à voir cette finguliere
affaire, d'un œil plus tranquille, lorfqu'un
Gazetier de *Cologne*, exjéfuite, à ce qu'on
prétend, eft venu par un article auffi impu-
dent que calomnieux, inféré dans fon No.
90, rallumer le feu qui couvoit fous la
cendre Synodiale. Enfin, M. on ne fait
à préfent quand la chofe fe terminera.

LA NYMPHE DE SPA.

à l'Abbé R....

Tu vas quitter cette aimable retraite
Où loin du bruit, des fourbes, des cagots,
Libre de foins, ton ame fatisfaite
A fu gouter les douceurs du repos.
Dans ces forêts en mon réduit fauvage
Où les beaux jours amenent tous les ans,
Tant d'êtres nuls, tant de fous différens,
Avec orgueil j'ai vu paroître un fage.
Ainfi tu vois dans mon riant vallon
Parmi la mouffe & la pâle fougere,
Briller par fois une fleur paffagere,
Quelques momens émailler le gazon
Et parfumer la ftérile bruiere.

De fes malheurs imbécille artifan,
Que contre toi dans fa fureur glapiffe
Des préjugés l'aveugle partifan;
Que des mortels ce farouche tiran,
Le Fanatifme à ton nom feul frémiffe !
Le chêne altier de vingt fiecles vainqueur,
Eleve aux cieux fon augufte feuillage :

Autour de lui, des Autans en fureur
En vain mugit l'impétueuse rage;
Inébranlable il voit rouler l'orage.
A son abri les chantres du bocage
Viennent former leur concert enchanteur,
Brulé du jour, arrosé de sueur,
Sous ses rameaux l'honnête voyageur
Goute le frais & bénit son ombrage;
Toujours utile il brille, & d'âge en âge
Sent augmenter sa force & sa vigueur.
Eh! que lui fait la vile fourmiliere,
Les vains efforts des insectes obscurs
Qui sous ses pieds, rampans dans la poussiere,
Vont les souiller de leurs venins impurs?

O vous dont l'âme & grande & courageuse
Dédaigne en paix les cris des envieux,
De la raison défenseurs généreux
Venez, volez à ma grotte mousseuse
Et méprisez vos censeurs orgueilleux.
Sous mes berceaux, malgré la jalousie,
La calomnie & ses affreux suppôts,
L'amant sacré de la philosophie
Fut couronné par la main des Héros.

Salut à vous! ô Princes magnanimes
Qui déchirant le bandeau de l'erreur,
Suivez le cri de vos âmes sublimes
Et des humains cimentez le bonheur.
Oui des Germains l'espérance premiere,
Le bon *Joseph* aux préjugés fatal;
Du plus grand Roi que l'Europe révere,
Ce fier *Henri*, le Frere & le rival,
Sourds aux clameurs des rives de la seine,
Au bord fleuri de mon humble fontaine,
Des vils cagots t'ont bien vengé, RAYNAL.
Poursuis en paix, ton illustre carriere,
Que la santé file tes jours heureux:
Puisse mon onde & pure & salutaire
En prolonger le cours si précieux!
Longtems encor que ta voix révérée
Tonne au milieu des peuples corrompus:
Ramene au vrai cette foule égarée
D'êtres rampans sous le joug abattus;
Vers toi l'Europe a les bras étendus:
Venge ses droits & sa cause sacrée.
Fais voir aux Rois la sainte vérité.

Fais leur aimer la douce bienfaisance ;
Nous te devrons notre félicité,
Et dans ton cœur sera ta récompense.

FRANÇOIS-CHARLES, *par la grace de Dieu, Evêque & Prince de Liege, Prince du Saint Empire Romain, Duc de Bouillon, Marquis de Franchimont, Comte de Looz & de Horne, Baron de Herstal, &c. &c. &c.*

A tous ceux qui ces Présentes verront, Salut. Ce n'est pas sans la plus vive douleur que nous venons de voir s'élever du sein des Brebis confiées à nos soins, un homme turbulent, assez audacieux que d'oser publier, par une témérité inouie, une Piece de Vers insultante pour tous les genres d'authorité, contenant l'éloge de l'*Abbé Raynal*, dont les Ouvrages sont si justement proscrits, condamnés, *comme impies, blasphématoires, séditieux, tendans à soulever les peuples contre l'authorité souveraine & à renverser les fondements de l'ordre civil.* Ne pouvant ni tolérer, ni dissimuler une entreprise aussi hardie, nous jugeons devoir rendre publique l'indignation que nous avons ressentie à la lecture de cette Piece scandaleuse, portant le titre de *la Nymphe de Spa* à l'Abbé Raynal, dont nous entendons punir l'Auteur selon la rigueur des Loix.

Et comme nous n'avons rien de plus à cœur que d'écarter de nos peuples le souffle empoisonné de l'irréligion, & de les prémunir contre cette funeste épidemie, qui, partout ailleurs, fait les plus grands ravages, nous vous conjurons, N. T. C. F. de conserver avec soin le précieux trésor de la Foi, dont vous connoissez l'excellence & le prix : fermes & inébranlables dans la Religion de vos Peres, qui a toujours fleuri dans le Diocese, & qui par son éclat en a fait une portion distinguée de l'héritage de JESUS-CHRIST, vous n'aurez que au mépris & de l'horreur pour les sophismes & les attentats d'une Philosophie insensée, qui ose s'élever contre Dieu, & blasphêmer contre nos Mystères.

Nous Ordonnons que la Préfente foit imprimée pour la connoiffance d'un chacun , & qu'elle foit publiée demain Dimanche 28 du courant, dans tou-tes les Eglifes de notre Cité de Liege, au Prône de la Meffe Paroiffiale. Donné à Liege ce 27 Octobre 1781.

Pour Mr. le Vicaire-Général abfent, GHISELS, *Chanoine-Tréfoncier de Liege.*

AVERTISSEMENT DE L'ÉDITEUR.

J'étais déja informé d'une grande partie des manœuvres fcandaleufes que M. M. les Syno-diaux de Liege ont mifes en ufage contre l'au-teur de l'Épitre à M. L'abbé Raynal : *cette piece de vers n'a été que le prétexte dont les fanatiques fe font fervis pour injurier publi-quement l'homme de génie à qui elle fut pre-fentée. Dès fe mois de juin dernier, ils conçu-rent la jaloufie la plus lache & la plus odieufe envers M. l'abbé* Raynal, *qui alors était déja à* Liege. *Ils virent avec le plus grand dé-plaifir l'accueil diftingué qu'il reçut du Prince-Evéque , des Grands & des Miniftres étran-gers. Cet écrivain juftement célébre fut en effet reçu avec diftinction par M.* Sabathier *Mi-niftre plénipotentiaire de France , qui n'au-roit pas admis dans fa Société , un homme que fa Patrie eût regardé comme vraiment profcrit. Il étoit logé chez un citoyen auffi recommanda-ble par fes lumieres & fes talens que par fa pro-*

bité, & particuliérement honoré de la confian-
ce, l'on peut dire même, de l'intimité de son
Prince. (*) S. A. C. desira que M. l'abbé Raynal lui fût présenté ; il eut l'honneur de man-
ger plusieurs fois avec Elle. On sait que ce
Prince respectable a toujours sû distinguer le
mérite, que son ame aussi grande que bonne
n'a jamais été séduite par l'esprit de parti ; que
toujours juste, simple, bienfaisant, il ne fait
usage des lumieres de son esprit, que pour rendre plus heureux ceux qui ont l'avantage de
l'approcher. On concevra facilement d'après le
portrait de cet auguste Prélat, que les prêtres
n'oserent, pendant le séjour de M. Raynal tant
à Liege qu'à Spa, tenter ouvertement aucune
voye pour attaquer ni sa personne, ni ses
écrits, qu'ils ne comprennent pas peut-être ;
mais ils ourdirent des trames sourdes, & se
servirent de deux exjésuites, (**) qui intro-
duits dans quelques familles, soufflerent le
poison de la calomnie, du fanatisme & de l'envie. Ces hypocrites consommés amenerent peu
à peu les simples, les consciences craintives,
facilement allarmées quand on leur dit qu'on
attaque la Religion, au point qu'au moment
où la Nimphe de Spa fut remise à un Membre
du Synode, par l'infidélité de quelqu'un à qui

____

(*) M. Plomteux.
(**) Le Pere de F. & le Pere Fe......

l'on avait confié cette piece ; l'abbé **Raynal**
étant parti, tous ces M. M. se liguent à la
fois, levent le masque, & attaquent le jeune
B. comme on l'a vu dans le détail du Prote
de la veuve Bourguignon. Je suis persuadé que
le Prince-Évêque ignore les détours obscurs,
les perfidies & les ressorts honteux que son Synode a employés par le canal des deux émis-
faires ci-dessus nommés. Il y a long-tems que
ces Caffards sont connus pour des perturbateurs du repos des familles ; mais ils sont si
adroits à se conserver les portes de derriere,
leur voie favorite, qu'on ne peut presque jamais les convaincre de leurs affreux com-
plots. C'est encore par une suite d'attache-
ment aux principes de leur ordre, que leur
Confrère retiré à Cologne, sous le nom de
Gazetier, a publié cette scandaleuse Scene,
d'après les avis qu'il en avait vraisemblable-
ment reçus de ses Correspondants de **Liege**.
D'autres écrivains périodiques en ont parlé
aussi ; mais avec la retenue que la chari-
té chrétienne doit inspirer à tout homme convaincu de la sainteté de sa religion.
Ce coriphée des Sots compilateurs devrait
moins se livrer aux insinuations dangereuses que lui communiquent ses intolérants confrères ; il devrait se souvenir des leçons qu'il
a déja reçues à cet égard, & qu'on pourroit

produire à son sujet des pieces d'une nature
un peu plus conséquente que le Mandement
dont il s'agit ; mais je ne veux pas toucher
cette Corde : on m'accuserait de méchanceté:
je dois éviter ce reproche.

Après avoir ajouté pour l'instruction du
public éclairé, les faits que les ouvriers de la
veuve Bourguignon ignoraient , je dois à
l'humanité outragée , aux loix violées , à l'autorité d'un Prince vertueux , à laquelle on
a ouvertement manqué de respect , la publi-
cation de la lettre que l'on m'a envoyée sous
le nom de M. l'abbé Raynal ; qu'elle soit
de lui ou non , elle m'a paru utile pour jus-
tifier entièrement M. B. aux yeux des gens
non prévenus. Accabler sous les arguments de la
raison ses indignes adversaires , & les couvrir d'un ridicule ineffaçable , c'est encor un
châtiment trop doux pour ces lâches suppôts du fanatisme.

Lettre de M. L'abbé Raynal *à l'auteur de la* Nymphe de Spa.

MONSIEUR,

J'ai eu besoin du mépris que mérite la conduite du Synode de Liege, pour ne pas me livrer à toute mon indignation. Je n'aurais jamais pensé que le fanatisme, l'audace & l'égarement ensemble eussent produits des êtres aussi imbécilles & aussi méchans.

Il faut croire, M., que vous avez dévoré avec une circonspection digne du sage, les horreurs que ces insectes malfaisants ont lancées sur vous au mépris de toutes les loix divines & humaines. Comment ne vous est-il pas échappé un mot de plainte, pas un murmure contre ces vils corrupteurs de la foi, tandis que les papiers publics retentissent de leur petit triomphe ? Vous me donnez autant d'estime pour votre cœur que j'avais conçu d'opinion pour vos talens littéraires.

Mais, Monsieur, si vous avez cru devoir céder aux sollicitations de vos amis, si l'amour de la paix & de la tranquillité ont enchainé votre ressentiment, si enfin vous êtes plus épris de la satisfaction intérieure d'une ame, qui ne veut pas avoir à se faire le reproche de contribuer à l'abaissement de ses enne-

C

mis , que de la douceur d'une juste vengeance ; il n'en peut pas être de même à mon
égard. Votre flétriſſure Synodiale rejaillit
ſur moi ; c'eſt moi qu'on a voulu inſulter
indirectement , en condamnant la *Nymphe de
Spa*. Il y a longtems que ces Sicophan-
tes d'égliſe attendaient l'occaſion de ſe venger ſur mes ouvrages , de l'accueil mortifiant
pour eux , que ma perſonne reçut de leur
Prince. Ma préſence fit taire leurs clameurs
hypocrites. Ils redoutoient le nombre d'aſ-
ſaillants qu'ils auroient eu à combatre pendant mon ſéjour : mais ils ont eu leurs cou-
dées franches dès l'inſtant de mon départ &
ce torrent fangeux s'eſt débordé ſur l'auteur de la *Nymphe de Spa* , pour troubler la
pureté de ſon onde.

Vous voyez , M. que votre cauſe eſt la
mienne ; ou du moins que la fureur aveugle
de quelques menbres de votre Conſiſtoire ,
les ont tellement aſſimilées que pour mettre
votre innocence dans tout ſon jour , il ſuffit
de rechercher comment ces M. M. ont trouvé que mes écrits ſont condamnés , proſcrits
juſtement , comme contenant des *impiétés* ,
des *Blaſphêmes* , qu'ils ſont en un mot , *ſédi-
tieux , tendant à ſoulever les peuples contre l'autorité ſouveraine & à renverſer l'ordre civil.* (*)

____

(*) Mandement de Liege du 27 Octobre 1781.

Ensuite il s'agira de savoir comment les vers que vous m'avez fait l'honneur de me préfenter, font *infultans pour tous les genres d'autorité.* (*)

Quant au premier chef d'accufation, je vais tâcher d'y répondre avec plus décence & de fangfroid que n'en ont employé les *Synodiaux* dans le ftile barbare de leur cenfure ridicule publiée fous le nom de *Mandement.*

Ce ferait peut être ici le lieu de placer mes doutes fur l'étendue de pouvoir, confiée à ce tribunal monftrueux : comment eft-il poffible qu'il fubfifte chez des peuples tels que les Liégeois, jouiffant d'une liberté plus illimitée que celle même des Anglais, dont les loix, les conftitutions affurent la plus grande indépendance parmi tous les individus, dont les propriétés, les privileges font à l'abri de toute infraction de la part du corps qui gouverne comme de celui qui eft gouverné : Je ne conçois pas, comment cette fouveraineté réfidante dans le peuple en entier, peut s'accorder avec l'érection d'un confiftoire ombrageux, qui peut au premier foupçon molefter un citoyen, violer les prérogatives de la liberté publique & infulter les mœurs particulieres, par des fentences arbitraires, qu'ont prefque toujours dicté l'ignorance & le fanatifme.

____

(*) Idem.

Il faudroit encore demander quel eſt l'objet de ce tribunal fantaſtique, dont le modèle n'e-xiſte que dansles ſiecles de ténebres ; dont la perpetuité n'eſt fondée, cimentée, que par l'in-tolérance religieuſe qui s'eſt abreuvée du ſang de ſes frères dans ces tems malheureux , qui enfin ne peut avoir de bornes,ſi l'on n'y prend garde , tant que l'opinion, cette ſouveraine de l'univers , diviſera la croyance des hommes: Il faut demander d'où émane le pouvoir qu'il s'arroge. Puiſque qu'il rend des arrêts au nom du Prince-évêque, il tient donc de S. A. C. l'autorité précaire dont il ſe décore ; ou tout au moins ce Prince eſt avec, ou ſans ſon cha-pitre, (*) le ſigne viſible auquel le véritable pouvoir eſt confié. Le ſynode ne s'étant pas créé lui même , a donc manqué aux loix de l'état ou au Prince, en refuſant de garder un ſilence abſolu que S. A. exigeait dans cette af-faire. Les membres de ce tribunal ont fait pu-blier & lire le mandement , malgré la volon-té de S. A. Si ce Prince éclairé, vertueux, au deſſus d'eux à tant de titres par les qualités perſonnelles & par le rang dont il eſt digne-ment revêtu , ne peut impoſer la loi à l'aſſem-blée ſynodiale , il y a donc un vice dans la

---

(*) On ſe ſert de ces termes pour ne bleſſer en rien les droits reſpectifs du Prince & du chapitre, parceque l'on ignore le véritable terme où ils doi-vent ſe rencontrer ou céder l'un à l'autre.

conſtitution du corps politique dès qu'aucune force intermédiaire n'a le pouvoir d'arrêter les attentats que ce tribunal peut commettre contre les libertés dont les membres de la ſociété doivent jouir ?

En voilà aſſez pour prouver l'illégalité des démarches du Synode , & pour faire voir combien il a manqué de reſpect envers le Souverain magnanime qu'il mérite peu de poſſéder.

Mes ouvrages paroiſſent à ces M. M. , *Impies , Blasphématoires , tendants à ſoule- ver les peuples contre l'autorité légitime* &c. Cette ſingerie de leur part ne mérite que le ridicule dont il faut couvrir les pigmées qui veulent s'égaler aux géants de la fable. Si une nation entiere ou quelques uns de ſes membres croyent devoir condamner des opinions éparſes dans mes livres, que les membres ſoient intéreſſés à conſerver , à corroborer l'erreur qui les gouverne & qui leur eſt ſi utile, cela ne veut pas dire que des mirmidons doivent s'ingérer à flétrir les auteurs de ces opinions ou de ces phraſes, par un mandement hériſſé de calomnies & écrit dans le goût des *Riballier* & des *No- notes.* Ces paſteurs indignes du nom de chrétiens, devraient ſavoir que la cabale , l'intrigue , l'impoſture exercent leurs fu-

teurs près du thrône des Rois , comme dans
les Républiques , que les venins impurs
qu'exhale leur souffle empoisonné , ont sé-
duit les ames les plus pures , que leurs ser-
pents toujours recourbés en replis tortueux
sifflent dans les Sénats , dans les Camps ,
dans les Cours , comme à l'*Académie* ou
dans leur *Sanhédrin*. Toutes ces infâmes manœuvres font naturelles chez les humains ;
& le plus honnête en est souvent la victime. S'il s'ensuivait que dès qu'un livre est
condamné chez une classe d'hommes, l'auteur doit être banni de toute la terre habi-
table , je doute que cette sévérité barbare
pût faire naître des écrivains estimables.
D'ailleurs en composant mon Histoire politique , j'ai eu en vue le genre-humain en général , & la postérité qui seule est le juge
du mérite d'un ouvrage ; je n'ai écrit ni
pour ni contre aucun Prince ni Particulier.
Pourquoi tant de bruit sur un objet qui selon vous doit attirer à l'auteur l'animad-
version générale ? vous ne voyez pas que
vous accélérez sa célébrité. Vos menées in-
fernales me feraient presque céder à ce mou-
vement d'amour propre. Car enfin si les
propositions contenues dans mon livre vous
paraissent dangereuses pour la sureté publi-
bue , refutez-les. Vous devez au moins

avouer que bruler ou proscrire un ouvrage
de raisonnement, c'est dire : Nous ne som-
mes pas en état d'y répondre.

Dites-moi, maintenant, Busiris en soutanes,
sur quoi vous avez si indignement accusé, tour-
menté, condamné l'auteur de la *Nymphe de
Spa* ? Parceque ses vers contenaient mon éloge, ou du moins celle de quelques unes de
mes productions ? car j'ai beau relire cent fois
cette épitre, je ne trouve rien contre la reli-
gión que vous croyez venger, encor moins
contre l'être suprême, dont vous avez avancé
que c'était la cause. Quoi ! un poëte ne pourra
plus composer contre les préjugés, quelques
rimes innocentes ? vous nous laisseriez penser
que vous confessez ne rien devoir qu'à ces mai-
tres de la terre. Il faut que vous soyez bien
ignorants ou de bien mauvaise foi pour appli-
quer le mot *Tyrans* qui se trouve dans le 17me
vers de cette piece, non au Fanatisme qui lui
sert de régime, mais aux Souverains ; comme
si l'auteur n'en connaissait que de ce caractère.
Voilà de vos méchancetés ! peut-on pousser
plus loin la démence & le mensonge ! pren-
driez vous pour une injure, le vers où il dit
que les bontés des Princes auxquels j'ai
eu le bonheur de faire ma cour à *Spa*, m'ont
vengé des clameurs que les *Cagots* des rives
de la *Seine*, faisaient retentir contre moi ? Est-

ce que vous auriez eu affez peu de jugement pour vous reconnaitre à ces traits ? j'ignore s'il exifte de tels perfonnages aux rives de la *Seine* ; ce que je fais, c'eft que je ne les connais pas. Je ne me plaindrais de perfonne fi votre déteftable fureur ne m'avait forcé à franchir les bornes que ma modération m'avait toujours prefcrites. Auriez vous cru démêler quelque reffemblance entre vous & la fourmilliere des infectes obfcurs, qui rampent dans la pouffiere ? Lorfque M. B. dit que le *Fanatifme* frémit à mon nom feul ; eft-ce que par un nouvel effet d'électricité, vos corps auraient éprouvé une commotion phifique ?

.Trouvez vous mauvais que l'auteur de la *Nymphe* m'ait favorifé du nom d'amant de la Philofophie ? en tous cas, vous conviendrez qu'une telle liaifon n'entraine aucun péché contre nature. Seriez-vous jaloux de ce qu'il me fait compliment fur la couronne que l'Empereur & le Prince *Henry* m'ont décernée en dépit de la calomnie & de fes fuppôts ; ou y a t-il parmi vous quelqu'un qui ait fervi les paffions de cette furie ? ne voyez-vous pas que c'eft une métaphore honnête dont la *Nymphe* me gratifie, pour faire fentir à vos *ayant caufes* que le digne fucceffeur des *Céfars* & le rival des *Villars* & des *Turennes*, font au deffus des préjugés que vous voulez faire encenfer par les peuples afin de les mieux abrutir ?

On chercheroit en vain dans ces vers, une expreſſion qui ait un rapport, je ne dis pas direct, mais éloigné même à quelque trait contre la Religion ou ſes véritables miniſtres. Si vous prouvez clairement que dans les 68 vers de l'épitre de *la Nymphe de Spa*, il y a un mot qui mérite, non pas ia rigueur que vous avez traitreuſement exercée contre ce malheureux & reſpectable jeune homme, mais ſeulement une réprimande paternelle ; je jette au feu tous les ouvrages qui vous déplaiſent tant & je vais à vos pieds légitimer vos indécentes cenſures. Mais avant que cette preuve ſoit trouvée, je crois que vous feriez ſagement de réparer les outrages dont vous avez accablé M. B. contre tous les principes de la morale chrétienne. Par quelle interprétation diabolique avez vous trouvé un ſens repréhenſible à cette épitre dictée par l'enthouſiaſme qu'inſpire la lecture d'un ouvrage écrit avec la chaleur de la vérité ; dans une tête livrée aux impreſſions momentanées de la jeuneſſe, & animée du deſir de témoigner à l'auteur le plaiſir que cette lecture lui a procuré ? Quoi, vous voulez arrêter les élans d'une ame brulant de l'envie de s'exhaler en vers harmonieux & honnêtes ! vous voulez preſcrire le terme de l'admiration méritée ou non que lui inspire un ouvrage qui intéresse tous les hommes ? Comment ! il ne fera pas permis à tout être pensant d'exprimer fes idées fur tel livre ou tel auteur ? On ne pourra plus employer dans la verfification les termes qui choquent vos oreilles parcequ'ils vous forcent à vous replier dans vous mêmes ? Je vous confeille de compofer un Dictionnaire où feront omis les mots de *Tyrans*, de *Préjugés*, de *Cagots*, de *Caffards*, d'*Ignorants*, d'*Hypocrites*, de *Fourbes*, de *Calomniateurs*, d'*Infectes*, de *Fanatiques* &c. ; enfin tous les termes qne vous croyez capables de vous défigner foit en particulier foit collectivement. Enfuite vous devez faire rendre un *Votum* Synodial, pour exiger des fideles qui ont le malheur de vivre fous vos loix inhumaines, qu'ils ayent à recevoir le Dictionnaire mentionné, comme *article de Foi*, & faire défenfe expreffe aux auteurs, s'il en eft encor parmi vous, d'inférer dans leurs écrits aucuns autres mots que ceux qui fe trouveront dans ce livre facré. Vous pourrez alors dormir plus tranquilles ; vous n'aurez plus à craindre que les écrivains étrangers ; c'eft une bagatelle comme vous favez ; d'ailleurs avec quelques mandements femblables à celui du 28 Octobre dernier, vous les aurez bientôt rendus odieux.

Voilà, M., ce que jai cru devoir vous écrire pour ma juſtification & pour la vôtre : ſi vous trouvez que ma lettre puiſſe ſervir à faire rentrer ces perturbateurs du repos public dans leur devoir, ſi vous ne craignez pas de déplaire au Prince bienfaiſant qui vous honoré de ſa protéction & de ſon eſtime, faites la lui parvenir ; car il ſe pourrait très bien, quoique je me ſerve de la voie de l'impreſſion, que les moteurs de votre disgrace euſſent encor aſſez d'adreſſe ou de crédit, pour empêcher qu'elle ne paraiſſe ſous les yeux deſillés de S. A. C. Je ne crois pas inutile d'uſer de précaution envers des hommes ſi accoutumés au manege, à la noirceur & à l'hypocriſie.

Quant à vous., M. je vous plains ſincérement d'avoir été leur victime ; mais puiſque vous avez obſervé le ſilence juſqu'à ce jour, je vous conſeille de le garder encore : la vérité eſt lente, mais ſa vengeance eſt toujours ſûre, & tandis que ſes détracteurs inſolens mettent tout en uſage pour éloigner ſa brillante lumiere ; portée par les aîles du tems, elle ſecoue ſon flambeau ſur la vaſte étendue des ſiecles.

J'ai l'honneur d'être, &c.